_____ 님께 드립니다.

달의 언어로 사랑을 짓다

달의 언어로 사랑을 짓다

박미혜 제2시집

인간과문학사

| 시인의 말 |

언제부턴가
단어들은 저 혼자 울고, 웃고,
그러다 이내 고요 속으로 스며들었습니다.

그 조용한 속삭임을
종이 위에 조심스레 옮겨 적다 보니,
어느덧 두 번째 시집을 건네게 되었습니다.

첫 시집 『꽃잎에 편지를 쓰다』가
내 안의 풍경을 들여다보는 작업이었다면,
두 번째 시집 『달의 언어로 사랑을 짓다』는
세상의 틈 사이로 조심스레 말을 건네는 마음입니다.

시는 여전히 어렵고,
좋은 시는 더더욱 멀고도 아득하지만,
그럼에도 시를 사랑하고 기다려준 이들을 생각하며
이 작은 책을 조심스레 내밉니다.

부디, 이 시집이
당신의 어떤 고요한 저녁에
무심코 펼쳐져
잠시 머물러도 좋은 쉼이 되기를 바랍니다.

가을이 익어갑니다.
당신의 시간에도
따뜻한 시 한 줄 머물기를 소망합니다.

2025년 가을, 시인 박미혜

| 차례 |

■ 시인의 말

제1부

달의 언어로 사랑을 짓다

그대여 1 · 14
그대여 2 · 16
달빛 아래 귀뚜라미 · 18
산 너머 넘어서 · 20
호수 위에 뜬 구름 · 21
달빛 아래 아버지 · 22
침묵의 위로 · 24
달의 언어로 사랑을 짓다 · 26
달빛이 웃는다 · 28
기대가 주는 꿈 · 30
너라면 · 31
별 하나 · 32
살구 · 33
울보 공주 · 34
이 정도로만 · 35
당당하게 · 36
이렇게 하면 · 38

제2부

빗방울 되어서라도

강물에게 · 40
빗방울 되어서라도 · 42
시간의 강 끝에 서서 · 44
내 마음에 아침이 젖는다 · 46
창문을 열면 · 47
대답 없는 너 · 48
너의 정체 · 50
오색의 눈물 · 52
이별의 아침 · 54
이별 · 55
무지개 밤의 합창 · 56
그 끝없는 노크 · 58
그 자리 그 노래 · 60
그날 · 62
너는 · 64
다행이다 · 65
삼십 년 전에는 · 66

제3부

꽃을 닮은 너에게

새것들 · 68
국화 앞에서 · 69
꽃을 닮은 너에게 · 70
도서관 · 72
능소화 · 73
꽃의 계절 · 74
83번째 봄 소풍 · 76
무지개 작은 도서관 · 78
채송화가 있던 길 · 80
빨간 구두 · 82
봄날이 되면 · 84
늦은 봄날 · 85
꽃 · 86
길 · 87
사진 찍기 · 88
산불 · 89
벚꽃 · 90

제4부

징검다리 약속

후회 · 92
그리움만 흐르네 · 93
징검다리의 약속 · 94
구름 한 점 · 96
우산 · 98
꽃향기 나는 시 · 100
선생님 · 102
눈물의 풍경 · 104
우물 속 기도 · 106
소풍 가신 날 · 107
12월에 · 108
가까이 · 110
동행 · 111
공지 사항 · 112
디카로 여는 시 · 114
마음의 길 · 116
뒷모습 · 117

제5부

개보다 못한 날들

개보다 못한 날들 · 120
흰색 스카프 · 122
계단 오르기 · 124
내일 밥 먹자 · 126
내일 · 127
누구세요 · 128
떡이 좋아 갈비가 되다 · 130
뛰는 말 · 131
병원 의사 말 · 132
배신 · 134
비명 · 135
비밀 아니고 거짓말 · 136
선택 · 137
바람의 마음 · 138
짠맛과 단맛사이 · 139
쓰레기장 속 너에게 · 140
웃음 뒤의 그림자 · 142

제6부

처음 피아노를 치는 날

엄마의 기억 · 144
내 사람 · 146
끝까지 · 147
처음 피아노를 치는 날 · 148
어머니 미소 · 150
마음에 붙인 밴드 · 152
고추장 찌개 · 154
미래의 손주 이야기 · 156
생일 카드 · 158
엄마의 외박 · 160
123456789 · 162
시간 · 164
일흔이 되어 · 165
와인 · 166
옛 생각 · 167
홀로서기 · 168
안부 · 170

| 제1부 |

달의 언어로 사랑을 짓다

그대여 1
그대여 2
달빛 아래 귀뚜라미
산 너머 넘어서
호수 위에 뜬 구름
달빛 아래 아버지
침묵의 위로
달의 언어로 사랑을 짓다
달빛이 웃는다
기대가 주는 꿈
너라면
별 하나
살구
울보 공주
이 정도로만
당당하게
이렇게 하면

그대여 1

그대 생각으로 가득한 날이면
하늘을 올려다 봅니다
그대여,
말없이 흘러가는 구름에게
살며시 말을 걸어보지요
그대의 안부를
홀연하게 전해달라고

그대여,
바람이 불어오는 날이면
그대의 얼굴이
내 마음속에서 흔들립니다
그리움이 잎새처럼 떨리고
그 향기가
단순한 향기가 아니길 바라며,
나는 바람에게 속삭입니다
그대 곁 스쳐 온 울림을 달라고

그대여,

오늘도 나는
별의 눈물이 목을 타고 내려
머뭇거리지 않는 순리에 말을 걸며
고운 그대를 생각합니다

그대여 2

비 오는 날,
어떤 호소마저도 그대를 기다립니다
우산도 없이
발끝만 동동 구르며 서 있는 나를
하늘은 검은 제단처럼 열리고
그 떨림의 끝에서
비가 되어 달려오는 그대,

그대는 나의 모닥불
젖은 마음을 데워주는 따스한 불꽃
그대는 숭고한 내 사랑
어느 계절보다 깊고 포근하던
꽃 이름 그대여

비 오는 날이면 늘
두리번거리는 나의 습관처럼
마냥 귀엽다면서 웃는
그대를 기다리는 이 시간마저도

그저 고맙고,
그저 그립습니다

달빛 아래 귀뚜라미

잠 못 드는 늦여름
달빛 내려앉는 새벽이었다

눈은 감았지만
가슴 그루터기에서일까
고독이 쌓이는지 눈물이 흐른다
소리 없이 울다 보니
어디선가
지난여름 시간들 혀를 내밀더니
가을 열리는 소리일까
검은 눈 귀뚜라미
마치 나를 알아본 듯 울음소리

우리 둘 돌림노래를
뼈저리게 서로 따라 울었다
그렇게 또 울다가
보름달이 복습을 즐기는 듯
구름을 밀치고
두둥실 환히 비추며 따뜻하게

나를
포근하게 안아주었다

산 너머 넘어서

하얀 겨울 지나가기 전에
산 넘어 너머에는
봄바람 가득 안고 나비가 날고
가장 아름다운 꽃향기 물고
성큼성큼 달려오네

얄미운 세월은
어찌 그리도 빠르게 오는지요
하룻밤 사이에도 오래된 햇살에
계절은 얼굴을 바꾸고

손전화 소리 울린다
또 한 번의 그리움 속 내 님은
산너머 너머에서
봄꽃 신 신고 살포시 오소서

호수 위에 뜬 구름

호수 위에
구름이 둥둥 소풍을 간다
구름 사이로
은빛 붕어들이 살며시 고개를 내밀고

저수지에 드리운 낚싯대는
구름 반, 붕어 반
찌만 스치고 지나가는 바람이 안타깝다

걸음을 옮길 때마다
풍경은 물안개 시시각각 변하고
내 눈은 그저 즐겁다

냉이를 캐는 손가락은 바쁜 갈대다
한 보따리 가득 채워도
곡선을 이탈한 허리 아픈 줄 모른 채
호수 위 파문의 시간들
침식의 늪 속으로 조용히 밀려가다

달빛 아래 아버지

많이 아프시다가
홀로 먼 길 떠나신 아버지

설날이 오면
아버지 없는 첫 명절
낯설어 저절로 찾아옵니다

달이 뜨는 밤이에요
창밖으로 오래도록 달을 보시던
그 자리,
이제는 내가 살며시 앉아
바라보고 있네요

함박눈이 소복소복
새하얗게 세상을 덮어 가는데
마치 아버지가 속삭이듯
"새 마음으로 살아라" 하십니다

찬바람 창문에 밀쳐드는데

달빛을 등에 진 채
아버지의 사랑 방울 하나
문턱에 걸터앉으며 나를 부르듯

딸, 사랑한다.

침묵의 위로

몸이 먼저 울기 시작했다
아픈 줄 몰랐던 내가
병실을 걷다
남의 눈빛에서 숨 멎는 내 고통이다

마음이 더욱 아프다
생각까지 멍이 들어 위로란 말이
왜 이리 날카로운지

기도하고 있어요
믿음으로 잘 견뎌 보세요
그 말들,
천천히 나를 갉아먹는다

나는 괜찮다고 말하지만
괜찮지 않다는 걸 알아줬으면
진실의 말 대신
손 하나 조용히 내미는 것

그 침묵이 내 꽁무니를 빨고있다
세상의 언어보다 더 따뜻하다
말하지 말아줘
그저 곁에만 있어줘 제발

달의 언어로 사랑을 짓다

밤의 가장 얇은 뼈마디에
사랑의 줄을 걸었다

서로를 바라보는 눈빛 속에
너는 나고, 나는 너였다
네 눈동자에 한 번 더 몸을 던지고
우리는 하나의 숨결이 되었다

몸도 마음도 영혼으로 엮어
하나의 조각달을 올려다 보면서
그 끝자락에
은실 같은 그네를 걸었다

우리 나란히 은빛 그네에 앉아
별빛을 밀어내듯 그네를 타자

높이 오를수록
미움도, 슬픔도
달 아래로 흘러내린다

밤이 깊을수록
초승달은 반쯤 숨긴 얼굴로
나를 부드럽게 속삭이며
끌어 올렸다

시간이 부러진 공중에 부유한 달그림자
빛에 젖은 또 하나의 꿈
검은 하늘은 바다보다 더 깊었고
나는 깨달았다
내 그림자를 잃고 흔들림으로
차오름이라는 사랑을 밀어 올렸다

달빛이 웃는다

구름 속을 벗어난 달이
조심스레 얼굴을 내민다
바람 한 줄기, 나뭇잎을 흔들고
그 사이를 스치며
달은
고요히 내게 다가온다
거실 창가에 걸터앉은 달빛
말없이 나를 바라본다
무엇을 말하려는 듯,
무엇도 묻지 않은 채
나는 기린처럼 목을 쭉 뻗어
그 눈빛을 가만히 바라본다
달은 소리 없이 웃는다
그 웃음이 달빛이 되어
내 방 가득 퍼진다
달빛은 말보다 다정하고
손길보다 따뜻하다
그 포근한 빛이 지친 오늘의 끝을
부드럽게 감싸 안는다

잠시 모든 것이 멈춘 듯
시간도 숨을 고른다
달과 나,
저 은빛 호수의 가장자리
말 없는
대화 속에 머물며
별빛의 파편을 밀어내며
조용히 서로 고백을 묻는다

기대가 주는 꿈

서운하지 않을 것이다
나는 절대로
기대하지 않을 테니까

이해도 오해도 용서도 없어
원망은 더욱 없었을 것
많은 사랑도 주고 싶었지만

이 가슴에서 영혼의 흔들림으로
가득히
온유와 축복의 깃발을 올리는
네가 나에게
성스러운 기대를 주는 만큼
삶을 꿈꾸는 작은 심장만으로
나는 아주 충분하다

너라면

속상해서 괴로워하며
내가
눈물을 흘릴 때
너의 목소리 돌처럼 굳은
그리움 때문인지
몸살이 난다

한 번쯤
예감이 가득 찬 안부를 묻고
바람결에 땅거미가 아름드리 검은
기둥을 감싸듯
너는
내 상처까지 기어들고 있다

수평선 위에 두 밧줄을 걸어
밝은 달에라도 올라가고 싶다

별 하나

어두워져야 별 닮은
너를 보리라

가냘프게 낡은 빛깔을 태우며
유성이 된 친구의 별
너를 다시 한사코 생각한다

이 늦은 봄날
훨훨훨 옷을 벗어 던지고
빛 잃고 떠나는
친구의 별 따라가고 싶다
오늘 내 슬픔이
어둠 속을 헤매다가 돌아온다

살구

살구나무에 달도 아닌 둥근달
수북이 떠 있다
밤이 되자 별이 되어 빛나고 있다

살구 좀 톡 따 주세요

한아름 주섬주섬 손 안에 모아지는
살구는 노랗게 웃음 짓는다

맛있는 살구들
내년에도 보름달 별 되도록
부탁합니다
내년이 또 오나 지금이 내년인데
실어증에 걸린 사람처럼
그러지 마세요
살 살살 살아가는 사알구입니다

울보 공주

넌 울고 난 바라보기만 했지
하늘을 보며
땅을 내려다보면서
가슴을 가진 것도 죄였지
네가 꽃향기 날릴 땐
생명의 의미가
무엇인지 알고 날아가리라

울보 공주가 슬플 때
같이 울어주면서 안아주던 시절

생각난다
지금도 높은 하늘처럼
슬픈 모습으로 이리저리
쏠려 다니는 가늘고 하얀
울보 공주 되었을까

이 정도로만

터벅거리면서 혼자 길을 걷는다

처음에는 가벼운 마음으로 걷지만
오랜 시간 걷다 보니
힘이 황소처럼 무겁게 든다

풀이랑 길가 자갈들 공기마저
내 심장에 위로를 건넨다

그래 이 정도로만 살아가자
걸어가다 넘어져도 일어나면 되지

훗날 지구 수명이 모두 다 끝나는
불지옥이 오더라도
오늘 당장 목적지 없이 긴 여행길
훌쩍 떠날 테니까

당당하게

수북하게 눈물을 쏟는 듯이
아침이슬에 활짝 핀
가을 코스모스는 아름답다

길을 걷다가 보면
이파리들 내 발목을 잡는다

길모퉁이 콘크리트 바닥에 핀
한 송이 코스모스
지나는 사람들 발걸음에
무른 상처에도
그렇게
당당하게 피어 있는 걸 보며
나는 울컥
꽃에게 얼굴을 비비대 본다

나도 너를 닮았나 보다

어둑어둑 어둠을 펴놓을 시간
넋을 잃은 꽃들
바람이 다가와 단발머리 흔들며
괜한 눈시울 적시는 밤이
깊어만 간다

이렇게 하면

큰일 난다고 놀라지 마세요
불길한 일들
언젠가는 일어날 수도 있어요

기대하면 안 됩니다
작은 손으로 만지작거려보아
서로가 느낌이 있어 더 깊이 알아가고
쌀쌀한 달빛이 밤을 디밀어도
의지가 될 겁니다
서로를 지켜주려고 하겠지요

이렇게 하면
홀로 있지만 기운이 나고 정신이 듭니다
그래야
삶이 소곤거리며 이야기를 자주해요
행복인지 절망인지 세월에 부딪혀
이렇게 살다보면
정말 옳은 삶이 무르익거든요

| 제2부 |

빗방울 되어서라도

강물에게
빗방울 되어서라도
시간의 강 끝에 서서
내 마음에 아침이 젖는다
창문을 열면
대답 없는 너
너의 정체
오색의 눈물
이별의 아침
이별
무지개 밤의 합창
그 끝없는 노크
그 자리 그 노래
그날
너는
다행이다
삼십 년 전에는

강물에게

하루가 번져가는 햇살을 활짝 열어본다
밝은 빛이 한줌 창문에 내려앉고
기쁨 마음 꽃잎으로 피어
살랑이는 바람에도 웃음이 묻어난다

슬픔이 빗물 되어 조용히 떨어지는데
내 마음 유리창을 적신다
잊고 싶은 날에도
품에 안고 싶은 날에도
이제는 강물에 조금씩 흘려보내리

길어진 그림자가 발걸음을 따라온다
되돌아보지 않고
그저 흘러가는 것으로도
충분히 지나간 날들이었겠지

오늘도 그런 하루가 강물이 된다
조금은 가벼워진 마음으로
다시 바람은 목덜미를 스친다

그 이름 강물, 아무도 없는
낡은 창문을 뚫고 햇살을 마주한다

빗방울 되어서라도

비 오는 날이면
오고 가고 가랑비가 가득가득
오고 가고 이슬비가 수북수북
하얗게 울고 있었다

창문에 뚝뚝 떨어지는 빗방울
그건 네가 흘린 슬픔들

언제 어디서 다시 만나려나
기약 없는 기다림에서도
그때까지
살 견디고 살아야만 했으니까

네 그리움, 내 추억들이
빗방울이 되어서라도
가끔은
너에게 닿을 수 있다면

예고없이 내리는 빗방울
산통을 겪는 그리움이라면
참 고맙겠다

시간의 강 끝에 서서

시간은
강물처럼 흘러가고
하늘만큼 큰 사랑으로
한 번도 멈춘 적 없었다

되돌아온 적도
되돌아본 적도 없이
그저 흘렀다

즐거울 땐
햇살처럼 빠르게 지나가고
슬플 땐
실비처럼 느리게 떨어져도
시간은 언제나 똑같이
자신만만하게 걸음을 걸었다

나는
그 흐름 위에 앉아
웃기도 하고, 울기도 하며

언젠간 멀리 떠내려갈 줄 알았다

가고 또 가다 보니
뿌리 내리고 가지 뻗으며
나는 어느새
하늘을 올려다보는
큰 나무가 되었다

세월은 한밤을 건너 스쳐 가지만
내 안의 사랑과 눈물은
진정 잎이 되고, 그림자가 되어
모두의 쉼터가 되었다

이제는 알고 있다
시간은 멈추지도 않지만
그 흐름 속에 해묵은 기억들
우리는 잠시 멈춰서서
하늘을 향해
피어날 수 있다는 것을….

내 마음에 아침이 젖는다

창문틈 사이로
아침 햇살이 살며시 스며들고
숨소리는 앵무새 노래 되어
고요히 잠든 나를 깨운다

때로는 웃음이 피어나고
가끔은 손해 보는 듯한 마음에
하루의 선택을 그려내어
몇백 번이나 반복한다

바람처럼
꽃처럼 피어나는 순간들 속에서
나의 하루
별 볼 일 없이 스쳐가고
화폭위에 떨어지는 묵향처럼
내 마음 깊이 젖어가는데

창문을 열면

밤하늘 별을 보고 싶었다
창문을 열면
간간히 지나가는 사람들
이야기가 들려온다

바쁜 하루 일을 멈추고
자전거를 타고 가는 사람들
교복을 입고 걸어가는 학생들

술 한잔이 열 잔이 되어서
흥얼거리는 노랫소리
그리고
가끔씩 들려오는 개 짖는 소리

창문을 열면
내게 주어진 또 다른 이야기가
모래처럼 흘러내린다

대답 없는 너

바람이 분다고
비가 온다고 혹시, 오려나

복숭아꽃은 벌써
활짝 피었는데
말없이 떠난 너는 아직
소식이 없구나

과거는
바람결에 실어 흘려보내고
높은 곳에 있을 때일수록
내려오는 법도
잊지 말아야지
넌 알고 있을거야

살다 보면
누구나 긴 터널을 지나
눈을 감고 걷다 보면

저 멀리
너의 빛은 분명히 보이지

산에 올라
네 이름을 불러보았고,
바닷가에 걸을 때
모래를 밟으며 생각했었지

그곳 어딘가에 외로움 삼키는
대답 없는 너
잔잔한 파도소리 들으며
노래나 부를까

너의 정체

벽이 무너지 듯 기적같은 일이다
빛 잃은 널 결코 이기는 게
내 목표거든

든든한 책이 나를 지킨다
조용한 문장들이 나를 안아준다

너는 불안하지,
늘 거짓말로 시작해서
밥과 술을 사고
남편 카드 긁고, 알 수 없는 너

고추장 보내고, 김장김치 팔고
책 판 돈은
네 지갑속으로 들어간다

고장 난 경운기 소리 말투에
할 말 없으면

"아이고 내 가슴아"
개 헛소리로 시간이나 채우고,

질투는 송곳처럼 가슴을 찌르며
욕심은 옷자랑, 다이어트 커피로
살살거린다

도대체
비바람같은 네 정체가 뭐냐

나는 책을 펴고
어둠의 비밀인 너를 덮는다
이기는 건
결국 휩쓸림 없이 끝없는 나다

오색의 눈물

외로움이 하나 둘, 가지 끝에 매달린다
낙엽도 외로움을 아는가보다
바람 따라 흔들리는 모습이
내 마음과 닮았다

가을이 더운 허물을 벗는 것을 보았다
잊은 줄 알았던 기억들
살며시 찾아와 오색 눈물이 된다
울지 않으려 했는데
다시 고인다, 조용히 뜨겁게

그러나
이 눈물도 아름다운 눈물로 남아
그때 그 소중했던 날들
가슴 깊이 넣어두었다가
생각날 때마다
조심스레 꺼내보리라

여지없이 바람은 지나가고
떠밀리는 나뭇잎이 그렇게 굴러가도
내 안에 그득한 추억이
여전히 통증없이 따뜻하다

이별의 아침

깊고 짙은 어둠이
까닭없이 춤을 추고
달님, 별님 어둠에 매달려
속삭일 때
질투 많은 거미가
건너뛰기에 잦아들면
풀잎 끝에
이별이 예감된 은방울이
대롱대롱
어디서 오는지 창밖의 세상
그 맑은 아침의 숨결
내 뺨을 스치는 삶은 바람
서툰 방울 소리
두 손 마디에 지난 그리움이 흐른다

이별

서둘러 너와의
이별을 준비하고 있었나 봐

인사조차 제대로 못 하고
드라마 같은 삶 이야기
단 한 번뿐인 이 세상에서

너에게
다시 돌아갈 수 있다면
나는 그 문장 위에서 내 안의
작은 약속을 건다

이별은 두 번 다시 없을 거라고

무지개 밤의 합창

불빛이 희미하게 사라지면
창가에 불빛들이
조용히 합창을 시작한다
사색의 노래처럼 번져가는 박자를
가로등에 다시 불 밝히고
바람이 연신 들뜬 춤을 춘다

벽에 기대 선 백일홍
한들한들 손 흔들며 나를 반긴다

늦은 저녁 집을 다시 나선다
고양이는 담 밑에서 졸다
언제 떠났는지 자취조차 없다

거리는 은은하게 조용하다
모든 소리도 잠든다

그 고요 속을 걷다가
햇살에 반사하는 무지개가
일곱 빛으로 나를 감싼다

별들도 살며시 귀 기울리며
칸칸마다 발없이
신기루의 옷을 입은 채
모두 합창이다

그 끝없는 노크

너를 알면서부터 내게서
기다림을 터득하기 시작했다
가끔은 낡은 시간도 멈추기를 바랐고
희미해진 공부를
다시 해보려고도 마음을 먹었다
너를 알면서

난 더 부지런 하려 시간을 한줌씩
체크하면서
카드 결제를 끝낸 작은 것과
커다랗게 떠 있는
하늘의 구름 내력을 가르치기로 했다
너를 알면서

신장이 무척 크다
덩치도 엄청 비대하지만
말 없는 너를 알면 알수록
나는 더
수다쟁이가 되어 갔다

맛없는 음식 먹으면서 열이 오른 것처럼
그렇듯 나 역시도
알싸하게 먹는 법을 터득하였다
너를 알면서

식어버린 커피에 얼굴을 찡그리는 모습
어찌 멋있던지 내 입술에는
웃음이 젖을 때에
그 노크도 꼭 필요했었다

그런 네가 수년이 흐른 다음
은빛 별들에게 가득히 사랑을 건네주었다
배웅도, 마중도, 배려도, 친절까지
저녁 바람을 타고
해 질 녘 노을 사이로 감성이 피는 구름처럼

그 자리 그 노래

그때 똑같은 마음으로
늘 곁에 있어 주기만을 바랐다

쿨 한 노래를 들으면서 길거리
붕어빵을 먹으며
손을 잡고 밤길을 걸었을 때
우리는
먹다 만 청춘의 붕어빵에서
사랑을 찾고 말았다

어느새 예전에 걷던 그곳을
지나간다
귓가에 들리는 옛 추억의 노래들
그렇게 살며시 와서
내 아킬레스건을 비틀고 있다

구름이 질투를 하는지
그 해에는
겨울 흰 눈이 멀리멀리 날리던 날

오늘 그 노래들처럼
변함없이 듣고 불러보고 있는데
내 목소리는 세월처럼
불투명하게 조금씩 변하고 있다

그날

아침 햇살 한 조각이 불을 밝힌다
아직은 잠에서 덜 깬
몸으로
바람이 전하는 말을 들으려고
신나는 노래 가사를
미치광이처럼 불러댄다

나비처럼 가볍게 왈츠의
춤을
작은 감사함을 찾아나서 보자
그 일이 행복의 본질이다

시간이 나의 곁에 앉아
손을 쭉 뻗은 우리 모두를
욕망과 모든 소유를 허용해 줄까
작은 변화를 주는 것
꿈의 세계를 경험하는 것

이 도시 곳곳마다 정해 놓은
간이승강장이다
어쩌면 당신의 그날들이
막다른 골목으로 들어선다

너는

너를 얼마나 생각하는지
알릴 필요 없다

너의 전화를 하루 종일 홀로
기다리는 것도
소용돌이치는 내 마음
몰라도 된다

퇴근길 길모퉁이에서
쓸쓸한
달빛처럼 서성거리는 일
혜안을 잃은 버릇이 되었다

너는 몰라도 된다
감정의 씨앗 하나를 잃은
작은 등불 내 편이니까

다행이다

천만다행이다 이럴 수가
이럴 수도 있을까

앞이 깜깜해도 빛이 있음을 알고
너희들에게 갈 수 있다면
이제야 알 것 같다
잃어버린 하늘이 다시 부활 되는지
천만다행으로

어쩌면 이렇게 멋진 너희들이 내
친구였다니
내 가슴에 새겨진 사랑의 절규를
너희들에게 바친다
네잎클로버 친구들아

삼십 년 전에는

우연히 낡은 수첩을 열었다
이름 번호가 오랜 세월에 갇혀
희미하게
글자 모난 빛이 번져 보인다

몰래 감추어둔 수첩에서 이름을
건져 올린다
가슴이 저렇게 허공을 향해
달려가는 줄 몰랐다

지금은 어디에 살고 있는지
이름 속의 그는
내내 편안하게 살고 있을까
내 안부를 전해 달라고
허공에 뜬 달님에게 전해 본다

속임수 많은 꿈마저 배시시
웃어넘긴다

| 제3부 |

꽃을 닮은 너에게

새것들
국화 앞에서
꽃을 닮은 너에게
도서관
능소화
꽃의 계절
83번째 봄 소풍
무지개 작은 도서관
채송화가 있던 길
빨간 구두
봄날이 되면
늦은 봄날
꽃
길
사진 찍기
산불
벚꽃

새것들

새로운 것들
좋은 것들만 가지려고
야단들이다
아픔도 새것으로 색칠을 해야
현실의 모습으로 변한다

아침도 새로운 것
저녁노을마저
그림자 없는 새 노을 원하고

눈에 보이지 않아도
조금도 달라지지 않는 것들
오래된 것들도 문지르면
새것인데
항시 배고픔도 새것이면
행복이 넘치겠지

국화 앞에서

화려하지도 않으면서
하얗게 노랗게
조용히 피어난다
바람에 흔들리는 것조차
꽃잎의 침묵도 기도처럼 보인다

국화 앞에 홀로 서면
그 향기에 꽃잎으로 스미는 나
소란스런 달빛 상처에도
천천히 잦아들고
어느 새 나는
기억이 작아지고 숙연해진다

나는 몰랐다
이 조용한 꽃 한 송이가
퉁퉁 부어오른 내 가슴을 오래도록
울컥하게 할 줄은….

꽃을 닮은 너에게

개나리 마른 가지 끝에
첫 꽃 피어나듯이
바람이 묵묵히 네 이름을 불렀다

비 오는 아침이면
조용히 우산을 챙기는 너
작은 배려 속에는
큰마음이 담겨 있었다

나는 하루하루
별처럼 빛나는 너를 보며
시간보다 깊은 사랑이 여문다

해가 뜨고
깊은 달빛이 머물러도
내 마음은 오직 너 하나일 뿐

끝까지
그 생각 무색하게 흔들림 없이
나는 너를 사랑하리…

도서관

조용히 문을 열고
책과 마주 친다
말없이 나를 바라보는 페이지 속
반짝이는 눈동자들

손끝으로 깨운 마음을 한켠씩 넘기며
먼 길 걸어온 숨결들이
조용히 내게 말을 건네온다

익숙해지도록 한 권의 언어를
가슴으로 읽고 나면
내 안에 작은 봄싹이 하나 둘
햇살처럼 몸을 틔운다

나는 페이지의 숨은 고독을 안다
지금 이 순간
또 하나의 낯선 찬란한 거인이
내 안 어디에서
꿈틀거리고 있다는 것을….

능소화

낡은 대문 앞
저녁노을 닮은 나팔꽃
대롱대롱 줄 타고 고요히 피었네
그리운 님은
언제쯤 이 길을 오시려나
한낮의 햇살 속
뜨거운 여름 눈물은
조용히 강이 되어 흐르고
향기 짙은 꽃잎 사이로
가만히 전해지는
내 마음 하나, 사랑 하나
사랑의 샘이 넘쳐
이 기다림에도 노래가 되어
당신의 발걸음 소리
바람에 실려 오는 듯
신명이 난 이 능소화처럼
저는 오늘도
당신을 기다리고 있어요

꽃의 계절

화려한 벚꽃이
온 세상천지에 피어올랐지
순식간에 하얀 물결로
하늘 아래 꽃비를 뿌린다

그 영광도 잠시,
비바람에 흩어지고
붉게 물든 장미꽃도 소리없이
울타리를 감싸 안는다

여름이 오고
능소화는 대문 옆 아치에 기대어
햇살 속에서 묵묵히 서 있다

나는
작년에 사둔 새빨간 구두를 신고
화려한 양산 손에 쥔 채
가면을 쓴 듯
검은 선글라스를 끼었다

꽃축제 초대장을 품에 안은 채
리듬 탄 물결처럼 엉덩이를
흔들거리며
능소화처럼 피어난 길 위를
가볍게 걷는다

83번째 봄 소풍

꽃도 활짝
개나리도 방긋
그 꽃향기 가슴에 품고
아버지는 새벽 소풍을 끝내셨네

밤새 식은 철쭉은 아직 서너 송이
빨간 입술로 피어날 즈음
그때, 멀리멀리 떠나셨네

쓰러진 슬픈 사월의 하늘 아래
눈물 강은 조용히 흐르고
나는 그 강가에서
자꾸만 발걸음을 멈추네

내년에도 벚꽃은 피고
개나리도 어김없이 필 터인데
잿빛 도시의 아버지 없는 이 봄은
조금 더 쓸쓸하겠지

그래요, 나는 믿어요
새벽 하늘을 찢으며 84번째 봄날엔
전설이 된 철쭉꽃을 부여잡으며
풍경이 익은 그 곳으로
아버지를 마중 나갈게요

낯선 꽃잎에 '사랑'이라 적으며
다시 만날 그날을
소풍의 숨결처럼 기다릴게요

무지개 작은 도서관

내가 자주 가는 곳
슈퍼보다 더 자주 가는 곳,
무지개 도서관이다

책 냄새는 구수한 누룽지 같고
책장 넘기는 소리는
나비가 춤추는 소리 같다
조용하고 따뜻한 그곳에서
나는 자꾸만 머문다

그곳에는
내 이름으로 된 시집도 있다
가만히 펼쳐보면
마음 한쪽이 찌르르 저린다

지금 나는
가을운동회 마지막 날
달리기를 하는 어린아이처럼
숨차고 설레는 마음으로

다시,
시집 한 장을 넘긴다

채송화가 있던 길

모퉁이 돌아 길을 걷다가
작은 꽃씨 하나
발끝 옆에 피었다

놀란 눈길로 바라보니
엄마 얼굴이
햇살처럼 웃고 있었다

어디 다녀오냐?
반가움에 묻던 그 목소리
바람처럼 윙- 스쳐 지나갔다

그다음 날도
같은 길 위로 발걸음을 옮기며
나는 또 안부를 물었다

그러나 그날의 채송화는
조금 더 시들었고
그다음 날은

꽃씨 하나만 남기고
조용히 숨을 거두었다

느린 이별이었던지
나는 그 자리에
사색이 되어 한참토록 서 있었다

말없이 그를 바라보니
내 눈에도 산란된 눈물 꽃이 피었다

빨간 구두

새로 산
빨간 구두를 신었다
거울 속 나는
어제와 조금 다른 얼굴이다

마치 사춘기를 벗어난
숙녀의 마음같다
세상의 문턱에
처음 발을 내딘 듯 설레는 마음

첫사랑을
만나러 가는 길인가
심장은 조금 빠르게 두근거린다

이 빨간 구두는
내 마음을 붉게 물들게 한다
조금 더 용감하게
조금 더 눈부시게

발끝에서 시작된 떨림이
사랑 하나 품고 새로운 꿈을
살며시 피워 올린다

봄날이 되면

꽃잎이 햇살에 반짝인다
방긋방긋 웃을 때면
개나리 향기가 긴 골목을 채운다
나도 그 미소 따라
붉은 꽃잎이 되어본다

둔탁한 보도블럭을 밟고 멀어지는
자전거들
눈이 큰 동네 꼬마들 깔깔거리며
길 끝으로 사라지고 있다
놀이터의 아이들도
소근대며 하나 둘 집으로 들어간다

천천히 저무는 저녁노을
연둣빛 봄바람 자각몽으로 불어대면
따뜻했던 하루가 꽃잎 밥상에
물길같은 둘레를 풀고 앉는다

늦은 봄날

실가지 나무 끝에
홀로 남은 꽃잎이다

바람도 안타까워
쉬던 숨을 멈추었다

햇살은 허공의 뒤로 물러나
이슬만 조용히 빛난다

희뿌연 안개,
흔적 없는 적막이 수줍은 듯
조용히 뒷걸음질 치면

늦은 봄바람 도시 위를 지나간다
어렴풋이 나풀거리는 봄처녀의
치마 폭 분홍빛이
내 그림자에도 연일 물든다

꽃

꽃은 살아있는 자유스런
바람들을 맞이한다
꽃에 다가간 전신을 붙잡고
그립도록 울고 있나

한잎 두잎들이 모여
한 송이 꽃으로 완성되어 간다

이 세상을 시대의 꽃이라 부르지만
너도 꽃, 나도 꽃, 우리 모두
만발한 꽃이 되어
그 짧은 순간 예쁜 저 하늘에
아름다운 별들까지
꽃동산을 이루어 피어나자

길

내 앞에 길이 있다
내 앞에 막다른 길이 있다
누가 만들어 놓은 가파른 길인가
주름을 지우며 한 길씩 허물어가는
개똥지바귀가 없었다면
나는 또 다른
길을 만들어 낼 수 없었을 것이다

소중하고 평평한 길을 만드는 것
한 발자국씩 앞으로 걷는
나의 진실의 길

샤프란 꽃 전신에 꽂고 걸어가는
사람처럼
나는 나아가리라
다시 시작해 만들어 가리라

눈부시게 활활 타오르는
해오름으로 걷는 길

사진 찍기

핸드폰을 들고 다니면서
어느 곳을 가더라도
핸드폰 촬영은 기본이다

수많은
꽃 앞에서 멋진 기념사진을 찍는다
꽃이 환한 눈으로 나를 바라보며
함빡 웃고 있다

그냥 그대로 청춘의 상징
하트~~
추억을 남겨 보려는 의도가
역력하다

고와 보이도록 찍는 사진 속에
내 인생 전환기의 기록물들
영원히 간직하고 싶겠지

산불

불 바람이 산등성 위로 새처럼
날갯짓하며 타오르고 있다
나무를 심는 식재 날도 없어졌는데
집 한 칸에 겨우 살았고
나무들이
모두 타버린 지금
어찌할 도리가 없어 TV를 끄고
생각에 잠기다
산이 타고 있다
하늘에서 비가 뿌려야 꺼질 것 같았다
하늘의 물 무덤 먹구름이
한 점도 없다
방황하는 불꽃아
물 도끼로 제 발등 찍어서라도
제발 멈추어다오

벚꽃

여기저기에서 벚꽃이 팔짝 피어 웃는 듯하다
차를 타고 지나가면
분홍색 꽃비를 흩뿌리며 차창에
찰싹 붙는다
꽃길은 불그스름 달아오른 채 끝이 없다

앞산에도 벚꽃이 피어 있다
할머니 흰 머리를 닮은 봄비가 내린
오후에
누군가를 한 번쯤 그리워하고 싶었다

벚꽃처럼 채 아물지 않는 그리움이
내 가슴을 헤집으며
꽃바람에 추락을 멈추지 않고 있다

| 제4부 |

징검다리 약속

후회
그리움만 흐르네
징검다리의 약속
구름 한 점
우산
꽃향기 나는 시
선생님
눈물의 풍경
우물 속 기도
소풍 가신 날
12월에
가까이
동행
공지 사항
디카로 여는 시
마음의 길
뒷모습

후회

거울 속 나를 마주할 때마다
무심히 던진 그 한마디
묵은 고백으로 남아
너에게 상처로 남았을까
문득 마음이 저며온다
밤은 소리 없이 깊어가고
내 안의 그림자는 점점 더 길어져
지우려 해도 지워지지 않는
또 다른 흔적이 나를 감싼다

어둠이란 어깨 위에서
나는 조용히 너를 생각하며 되뇌인다
그때마다
조금만 더 따뜻이 대했더라면
잊혀진 이름들
연민으로 남아 덜 무거웠을까

그리움만 흐르네

천천히 가보자
그리움은 언제나 기다림에 피었나니

바다를 바라보아도
파도 끝에서 네 이름을 부르고,
비 오는 날이면
우연히 널 다시 만날 것 같아
가만히 창밖을 바라봤지

햇살이 좋은 날엔 한마디 없이
꽃향기 속에서
너를 만지듯 기억하려 애쓰건만
달력 위에 동그라미 하나
너를 떠올린 날에 표시를 해두자

하늘에 떠 있는 풍선같은 구름에게
넌 잘 지내냐고 안부를 묻고
바람은 말없이 춤추며
내 볼다귀만 스치고 지나가더라

징검다리의 약속

마음과 마음이
조용히 손을 맞잡고
말없이 약속을 했었다

시간은 흘러 흘러
계절은 몇 번이고 옷을 갈아입었지만
그 약속 잊히지 말기를
가슴 깊은 곳에 묵혀 있었다

비 내리는 오후에
그리움이 무지개처럼 피어나고
봄바람이 스칠 때면
그날의 미소가 꽃잎처럼 흔들린다

우리는 결국 멀어졌어도
그 약속 하나로
내 마음 모두를 건넨다

각자 서로의 기억들이
작은 징검다리 아래 강물처럼 남아
지금도 천천히 흘러가고 있었지

구름 한 점

가끔은 고개를 들고 하늘을 본다
파란 물결 위에 흘러가는
구름 한 점
갖가지 동물 모양이 되었다가
어느새
너를 닮은 친구 얼굴로 바뀌고
순백의 웨딩드레스처럼
피어오르기도 한다

그 순간,
하늘이 나에게
바람 편지를 보내는 것 같아
말없어도 방금 느껴지는
너의 온기
마음은 벌써 마술사가 되어
시간도 공간도 건너
네가 있는 곳으로 가고 또 간다

그리고

정말로 기적이 일어났다
구름 한 점 속에
너의 미소가 보이고 있다

우산

비가 온다기에
아침부터 우산을 들고 나선다
그러나 비는커녕
햇빛이 쨍쨍
손에 든 우산이 괜히 무겁다
걸음을 옮기다
문득
비가 내린다
나는 기다렸다는 듯
우산을 당당히 편다
잠시 후
비가 그친 듯한 하늘
이제 우산을 접어야 할까
그런데 나는 그저
펴진 우산을 그대로 들고 있었다
접을 때와
펼 때와
들고 다닐 때마다
늘 누군가에게

우산이 되어주고 싶은
그런 사람이 되고 싶었다

빗방울의 꿈속같은 마음을 누가 알까

꽃향기 나는 시

지는 꽃이
마지막으로 내뿜는 향기엔
비밀이 숨어 있었나

바싹 마른 가지 틈에서
바르락, 고스락-
진액이 흐르듯 배어 나오는 냄새

그건 울 엄마 품 같아서
나는 시들어가는 풀 한 포기
꽃 진 가지 하나에도
말없이 오래 눈길을 둔다

나는 바래고 싶어진다
내가 쓴 이 시에도
우주를 건너 마술처럼 스며들기를

고개를 끄덕끄덕
마음은 징징 거리면서도

한 줄, 또 한 줄
가슴 조이게 읽히는
그런 꽃향기 나는 시가 되기를...

선생님

단발머리 여고 때
창가에 기대어 바라봅니다
선생님,
나를 향해 환하게 웃어주던 그 순간,
내 세상이 새롭게 달라졌어요

그날은 하루 종일 즐거웠고
교실 안 햇살마저도
바람이 덩실덩실
모두 선생님의 미소 같았어요

내 마음에 작은 등불이 되어주신
꺼지지 않는 따뜻함으로 남아
그 날 선생님의 눈빛

그건 아마,
한 겨울 지나고 새 봄날처럼
포근하게 피어오르는

미래를 찾아낸
꿈의 등불 첫 사랑이었어요

눈물의 풍경

밤새 눈이 소리 없이 내린다
나뭇가지 위에도
자동차 지붕 위에도
다리 위 자전거에도
하얀 눈송이들 소곤소곤
함뿍 이야기를 나눈다

기쁨도 아픔도
하얀 숨결도 덮여가는 세상
눈송이에 서로 기대어
오순도순 참 따뜻하겠다

그런데 저기 처마 끝에서
눈물처럼 뚝뚝
얼어붙은 발자국들이 떨어진다

햇살이 눈부시게 비치는 날에도
기억이 죽죽 내리는

여전하게 손 끝 눈송이에도
눈물처럼 흘러내린다

우물 속 기도

물음도 대답도
고요한 내 깊은 우물이다
깊이를 알 수 있을까
죽음의 뼈로 생성된 어둠과
바람마저 숨을 죽인다

지나가는 한숨이었다
이별이 흔들리는 향기로 피었다
눈물은 속절없이 정화되고
나는
입술 한 점을 깨문다

잘 되거라
잘 살아라
내가 낼 수 있는 마지막 이 말
가슴 속에 깊이 묻는다

소풍 가신 날

화려한 봄날이면
이 세상 소풍을 떠나신 아버지
가신 지 마흔 날
어느 날엔가
꿈길 따라 집으로 오셨습니다

거실 한켠,
밝은 얼굴로 서성이시다가
신발장 앞에서
뒤돌아보며 손을 흔드셨지요

그 모습은 하냥 반가웠답니다
아버지, 하고 불렀으나
말없이 미소 짓는 모습이셨습니다

저 너머 꿈길에서 오시는 아버지께
오늘 밤도 오신다면
그리움이 고여 놓은 백합송이를 들고
사랑한다고 말하고 싶습니다

12월에

끝이라고 생각지 않는다
다시 시작의 전조다

설원으로 덮인 산천이 슬슬
녹아들어
허공이 풀 한 줌 쥐고 싶어
봄이 오는 것이다
동면하던 새싹들 태양의
미소를 만지며
기운이 솟아오르는 것이다

이 세월의
진실을 터득하는 시간
오십 년이 흘렀다
나의 희생이 헛되지 않았음을
가족들은 이미 알고 있을 것이다

지난날
물안개 낀 강가 산울림의 발자국들
강물에 찰방찰방 비춰지고 있다

가까이

거실 옆자리에 앉아있는
뽀삐 강아지
가까이 있어 소중한 줄 모르는 거야
항상 곁에 있어 모를 수밖에 없는 거야
하지만 감사함 내 마음 어딘가에
떨어져 있을
실패도 가까이 웅크려 있고
환희에 찬 모습으로
기쁨도 가끔씩 꼬리를 친다

무엇이 다가오는 걸까
죽음의 칼날마저 내 가까이 있는 것인가

동행

반항적인 말
한마디에 발걸음 옮기면서
다른 생각을 갖는다

왜곡된 마음은 늘 몸부림을 친다
물 한 잔을 마시고 공원 안
벤치에 앉아
차분히 마음을 달랜다

구부러진
저항심은 한 발짝 뒤에서
하루의 일상을 위해
자유로운 시간을 허락하자

함초롬히 냉커피 한잔
여유 있게 마셔주는 또 다른
내 친구를 찾아야겠다

공지 사항

거짓말을 너무 하며
규칙을 위반하는 순간
앞에서 웃고 친절한 척하는
자기를 건들이면
폭탄을 터트린다 했다
인맥이 바다처럼 넓은 나를
주위에서는
도움을 받고 싶어 사람들이
나와 손잡으면 다
손가락을 세면서 모두
다가오거든

과실이 주렁주렁 매달린
나무와 같아
왜 올까 내 그림자 밑에서
수업을 듣는 척
자유스럽게 사귈 수 있으니까
그냥 음식을 먹으며
놀고 그래

어리석은 사람이 회장으로
당선되었지
세월의 경험을 토대로
스무 번째 회장님 자리에 앉았다
신고합니다
폐 고시원 앞에 붙여진
화제의 인물 공지 사항 한 장

디카로 여는 시

눈은 지혜로운 마음의 창
기도는 보편적인 영혼의 창
디카의 눈을 열어 놓아
가끔
뒤척이는 세상 흔들리는
세상을 남겨놓아
내 영혼을 맑게 하고 싶다

함께 나눈 상처투성이들
사랑스런 너에게
축복을 선택으로 기도를 한다

이름 없는 시인이다

상상적 그 내면에서 잠들었다가
시는
시간이 멈춘 채 물음으로
답하는 심상을
시어로 건네주는 것

연두신록을 수채화처럼 그려보듯이
아름다운 현실의 눈을 열어
눈앞에
서성거리는 형이상학이라면
시는
이미 내 앞에 와 있다

마음의 길

보이지도 잡히지도 모를
의심 많은
도마와 칼이었다

밟아버려야 마음이 시원해지고
배려도 은혜도 양보마저 모르는
마음의 길
고집과 욕망으로만 채워진
곧은 그 길
흙탕물 고인
웅덩이가 있는 줄 몰랐다

밤 바닷길 밝혀주는 등대처럼
굴곡진 삶 그곳
길 잃은 사람들을 찾아 나서자

뒷모습

가을 단풍이 물들어 가고 있다

높은 하늘 목을 길게 빼고
낮달은 반쯤 바람에 날아갔는지
사라지고 없다
이름 없는 꽃나무들 쭈그리고 앉아
멍때리면서 바라보고 있다

그런 미덕의
침묵으로 가둔 너
단풍이 만발한 산등성 뒷모습처럼
절경이구나

| 제5부 |

개보다 못한 날들

개보다 못한 날들
흰색 스카프
계단 오르기
내일 밥 먹자
내일
누구세요
떡이 좋아 갈비가 되다
뛰는 말
병원 의사 말
배신
비명
비밀 아니고 거짓말
선택
바람의 마음
짠맛과 단맛사이
쓰레기장 속 너에게
웃음 뒤의 그림자

개보다 못한 날들

영화 보자
커피 마시자
도서관 가자
끝까지 운동할래?

하루는 심장의 맥박처럼 바쁘다
개엄마 모임 가야 하니까
개 카페를 갈망으로 돌며
개를 엄마라 부른다

꼬리를 흔드는 건 개였는지
엉덩이를 흔드는 건 인간이었는지
구분할 것도 흐려진 채
개팔자가 상팔자라며 웃는다

개 생일 파티엔
선물까지 정성껏 포장하며
카드에는 이렇게 적는다
"사랑해, 달빛 같은 우리 아가"

그 정성, 그 열정
밥값 하는 사람에게도
내 안 이름을 한 줌씩 나눠주었으면

그래,
개보다 못한 건 개가 아니라
돌봄에 따라 뜬 별들도
잃어버린 사람이 될지도 몰라

흰색 스카프

아른거리는 흰 빛 아래서
바람결에 춤추는 스카프 한장
나풀나풀, 마치 오래된 기억처럼
조용히 나를 향해 다가온다

그건 단지 천이 아니었다
시간을 두르고, 추억을 감싼
긴긴 여운, 내 마음을 알아보는
그 스카프
어쩐지 나를 닮아 있었다

겨울 끝자락,
문득 멈춰 선 거리에서
스카프 끝에 매달린 그리움이
내 볼을 스치고
그렇게 믿었던 계절에 눈물이 돈다

못 잊을 그 날의 잃어버린 것들
차가운 바람보다 더 선명해서

나는
스카프를 목에 감아본다

다시, 너를 안아보는 마음으로….

계단 오르기

우리는
생각 없이 승강기를 탄다

작은 네모 칸에서
멍한 사람들 차렷을 한 채
거울을 본다
무거운 짐 가볍게
원하는 목적지에 가려고
자주 오르고 내리지만 무동력
산소 운동이다

어릴 적
가위바위보 하며
계단 놀이 하던 기억들
너무 좋아 웃음을 참으며 무심코
계단을 오르기만 한다

가위는 두 칸
바위는 다섯 칸
보는 열 칸을 준비 없이도 올라가다

나뭇잎처럼 추억들이 휩쓸려 간다
몸도 마음도 건강으로부터
외면당하지 않도록
계단을 오르내리며 건강을
준비해야겠다

내일 밥 먹자

둘이서 가까워지려면 갖은 음식을
먹어보면 알 수 있다

무슨 사연인지는 알고 먹어야
제 맛이다
마른 음식을 급히 먹으면
코가 메어가고 체하기도 한다

미소 지으며 먹는 음식에는
소화제가 절로 몸에서 분비되어
환상적인 기분으로 맛있게 먹는다

내일 밥 먹자
지난날의 앙금들을 지워 버리고

내일

오늘 아니면
내일은 꼭 만나고 싶다
내일보다는 모레에도 보고 싶다

집 앞에서 기다리겠다니
밤이면 고추잠자리 맴도는
사랑의 발톱까지 근질거리는 걸까

달빛이 나뭇가지에 걸리었다
저 건너 사랑의 욕구를
가벼이 덧칠해 놓은 밤이다

내일이면 연한 비를 맞고 서 있는
내 안에서
혹시 그 사람 만날 수는 있을까

누구세요

발바닥 동동거리게 만드는
그대는 누구세요

커피잔을 들고 꽃을 바라보며
저녁노을
환희로 물들어 가는데
그대는 누구세요

내 마음 깊은 허무로부터
수평선에 이르기까지
이 마음 파도처럼 흔드는
그대는 누구세요

연기처럼 사라지기 전
아득한 허리를 동여맨 시간과
입맞춤하고 가야지

바람이 다가와 단발머리 흔들며
괜한 눈시울 적시는 밤이
깊어만 간다

떡이 좋아 갈비가 되다

갖은 양념 고기 갈아 주물럭거려
손마디 뒤틀리도록
둥글둥글 두들겨서
또다시
빌고 빌 기를 수십 번 하자
떡은 사라지고
둥근 갈비가 만들어 진다

숯불 적세에 옮겨진 갈비가 익자
손자 입으로 남편 입으로
한 아름씩 밀어 넣는다

사랑하는 가족들 너무 맛있는지
걱정도 그만
고뇌마저 잊고 참 잘 먹는다

달착지근한 오늘 하루
호호 불면서 기분 좋은 날이다

뛰는 말

말이 성큼성큼 잘도 달린다
못된 말은 사나워져
뒷발차기에 세상이 쓰러진다
말은 어디로 가는지도 모른 채
마구 달리고 있다
속도보다 방향이 우선이다
누구랑 같이 달리는지 모른 채
또 달린다
힘이 깃들어 있는지
멈출 때는 소리를 지른다
말 안장에 앉아 목적지도 없이
보이지 않는 새로운 세상으로
나도 달리고 싶다

병원 의사 말

평일에는 약속 시간마저 지키지 않는
단골 병원에서
예약 시간만은 철저히 지켜준다
의사가 청진기처럼 늘
하는 말
섭취하면 안 될 음식은 먹지마세요

먹지 말라던 음식들 내다 버리고
운동을 더 심오하게 하라는데
무슨 뜻일까
건강 하려면 의사 말 잘 들어야 한다

내 말은 동네 똥개도 잘 알아 듣는다

초저녁부터 걷기 운동을 하였다
이제 촛불 같은 내 인생의
종착역에서

외로움, 고독으로부터 나날이
슬퍼하지 말기를
굳어가는 발걸음을 연신 삐뚤이 걷는다

배신

가까이 하면 할수록 내면의
알머리가 텅 비었다
무른 떡으로 입을 틀어막으며
술 한 잔으로
가까워지려 하면서
음모의 입에서 썩은
냄새가 나고
처음부터 입을 닫아 비밀을
지켜줬다면
하나의 이름난 산이 되었을 것을

사람들은 너를 가만히 지켜만
보고 있다
원수 척 짓지 마라
미스터리로 항상 남겨두는
너를
오래 달라붙어 지켜보고 있겠다

비명

침착하게 이 소리를 내려고
입을 연다
할 말이 너무 많다
마음에 모아 두었던 설움들
두려움이 앞선다
선혈은 붉다
나는 살아 있는 텅 빈 빗줄기다
과장된 걸까
헛소리에 더 많은 사람들이 모일까

취식을 하면서 나누다 보면
썩은 것들의
들끓는 악취만 남아 있는 것이다

쓴 소리 들어야 약이 된다
나를 데려가 달라고
마구 악다구니 소리쳤지만
그래도 이 하루는 오직 내편이다

비밀 아니고 거짓말

내 손가락을 걸고 지키는 약속이지만
비밀이란 영원한 것은 없다

정답도 없다
나는 임금님 귀는
당나귀 귀라고 세상에 외친다

팽나무 뒤에 숨어 축 늘어진
너를 지켜보고 있다

비가 쏟아질 것 같은 저문 시간에
몸을 떨면서
너의 그림자가 너를 모조리 감싼 채
보아 뱀처럼 입을 벌리며
거짓말 궤적을 열어 곡선의 모자 쓰고
너를 삼키고 말 것이다

선택

네가 하는 말 듣지 않을 것이며
내 귀 더럽히지 않을 것이며
나는 너에게
대화조차 하기 싫어졌다

나의 입술을 벌려
추잡스럽게 떨지 않을 거야
그래서 침묵은 날마다
오욕을 덮친 이 세상 모두를
사랑도 없이
부셔버리고 싶을 거야

바람의 마음

날개 펴고
동서남북이 돌아가는데
한 번은 천천히
한 번 더 시원하게
또 한 번은 더욱 세게
오늘도 시간을 모른 채
하루살이가
선풍기 마음처럼 바쁘네요

겨울이 오면
시원함을 나누는 선풍기
가까이 하면 안 돼요
혼자서 건강에 큰
아픔을 견디면 안 되겠죠

새해에는 어렵고 힘든 세상이 와도
행복해지는 일상을 위해
동서남북 팔도강산 여행을 열심히
돌아다닐 거예요

짠맛과 단맛사이

소금은 짜야 소금이다
사람도 너무 짜면
'짜디짠 물먹은 듯
갈라진 종소리가 난다

단맛은
쾌락의 무덤을 지니고 다닌다
주고받는 분홍빛 사랑도
밤하늘 느린 별들도
밝은 빛을 영영 토해야
사랑이 달달해진다

쓰레기장 속 너에게

그건 아니야 어쩌다가 네 것
내 것 구분 못하는
대, 중, 소 사람처럼 천태만상이냐

부질없는 장난질 이제 그만이다
고속으로 달리는
인생열차를 시기하지 마라
내 자리까지 탐내었던
너는 더러워진 모자
자신이 자주 쓰던 것을
나에게 보내고
무엇 하나 제대로 할 줄 모르는
정신 나간 고장 난 시계

거짓말 잘하기 특등급
몸무게 줄인다며 임신에 관한
약을 먹었던 것
남편 속이고 술 마시기를
밥 먹듯 하고

집안은 쓰레기장
찌그러진 냄비속
동냥하듯 하루를 퍼 담고 있는 너
쌀쌀한 말투처럼
삶도 미끄러져 나를 밀어냈지

꿈이 숨 쉬는 집
하루를 단정히 빗는 삶
그 속에서 너도
제 자태를 가구며
살아가길
진심으로 빈다

웃음 뒤의 그림자

너는 웃을 때
우울해지고 부서지는 슬픔이었다
비정하게 나를 속이는
이런 불길함을 전혀 몰랐었다

불의에게 손잡은 걸 이미
나는 알고 있었다

뒤통수를 치는 예순네 살이지만
어리석었다는 것 알았을 때
너의 뒤에서
눈물이 그렁그렁하게 흐른다

그래, 앞으로 그러지 않을 거겠지
어찌 살다 보면
그 날을 오래도록 기억하며
인생이 다 그런 것을
땅을 치고 가슴 치며 후회할 일들이다

| 제6부 |

처음 피아노를 치는 날

엄마의 기억
내 사람
끝까지
처음 피아노를 치는 날
어머니 미소
마음에 붙인 밴드
고추장 찌개
미래의 손주 이야기
생일 카드
엄마의 외박
123456789
시간
일흔이 되어
와인
옛 생각
홀로서기
안부

엄마의 기억

뜨거운 태양 아래에서도
허리 굽혀 일하시다 잠시
나를 바라 본 엄마는
눈망울 속에 담긴 세상처럼
선명히 웃고 계셨다

저녁노을 짙어질 무렵
아궁이 앞에 앉아
따뜻한 저녁을 지으시던
그 시절 엄마
끝없는 그 온기를 나는 기억한다

세월은 겨울을 앞세워 엄마의 등을
점점 낮아지게 했고
모진 비바람 대신 맞으시며
새 꿈은 고목처럼 굳어가셨다

이제 거울 속 내 얼굴이
지나 온 굽은 길을 따라 하루하루
엄마를 닮아간다

가래 끓는 소리라도 듣고 싶다

내 사람

가장 깊은 곳에
언제나 조용히 머무는 사람
슬픔을 말하면
눈빛으로 안아주고
기쁨을 나누면
함께 웃어주는 그 사람

거울처럼 입을 다물고
고개를 천천히 끄덕여 주는 그 따뜻함
세상이 나를 찾지 못해도
내가 되어주는 단단함

그대는
사랑으로 나를 감싸고
행복한 색조로 나를 덮어주는 사람
시간도
세월도
닿지 못할 자리에서도
늘 같은 모습으로 나를 기다려주는 사람

끝까지

칡뿌리처럼 살자
풀뿌리처럼 살자
높이 오르기 보다는
독한 마음으로 파도타기를
즐기듯 살자

생명들이 바다에서 깊은 곳에
살아가듯
바다같이 깊고 넓게
땅처럼 아주 곱게
하늘보다 높은 곳으로
태양의 찬란함으로
삶이란 생존의 먼 추억이 있는 것

신이 남겨놓은 발자국 밑에서
모두들
끝까지 살아가는 것

처음 피아노를 치는 날

엄마는
처음으로
손가락을 피아노 위에
살며시 얹으신다

하얀 건반, 검은 건반이
얌전히
그 손길을 기다린다

서툰 손끝으로
조심스레 이슬 소리를 눌러본다
소리가 난다
아주 작게 떨어지는 소리

손끝이 미세하게 흔들리는 걸 보고
나는 안다
일흔 평생 처음이라고

처음이란
언제나 떨리고
새싹이 긴장되는 것처럼
조금은 붉게 설렌다

엄마는 피아노를 치며
손끝으로 웅얼거린다
이 다음 첫 소절은 누구일까
또 다른 무엇이 될까,
푸른 미소를 띤 속삭임으로.

어머니 미소

말랑말랑한 족발 한 점에
허공으로 번지는 웃음꽃이 번진다
소리보다 깊은 그 미소
수많은 말이 흩어지며 숨겨져 있다

치아가 부실하다며
떨어뜨릴 말씀은 줄이시고
대신 손짓과 눈짓으로
잠긴 세상을 조용히 안아주신다

시끄러운 건 싫다 하시며
조용히, 가만히
그저 곁에 있는 것만으로도
기억이 또렷해진다

그림 한 장 그려 드리고
마음 한 줌 침묵의 얼굴마저 담아
어머니의 하루에
작은 햇살이 되길 바란다

그렇게 남은 빈 가지에 쌓여가는
따뜻한 추억들 속에
어머니의 미소는 소리없이
봄날처럼 늘 피어난다

마음에 붙인 밴드

상처를 많이 받는다
아물 날이 없다
구름 가득한 마음에 소독을 하고
덧나지 않게 밴드를 붙인다

이별이란 배신을 당했다
한두 명이 아니다
믿음이라는 걸
지닌 내가 바보인가 보다

그래도 나는
천사의 눈으로 보려고
다시, 또다시
나비가 날고 있는 하늘을 본다

구름 사이로 빛이 내릴까
이 아픈 마음
조금은 봄 햇살처럼 따뜻해질까

긴 밴드 붙여진
상처아래 피멍 든 마음에
언젠가는
흔적없이 의미 있는 새살이 돋기를

고추장 찌개

큰 냄비를 꺼낸다
감자 몇 알, 양파 한 개, 호박 한 줌,
대파는 송송 썰고
청양고추는 조심스럽게 넣는다
진한 고추장을 푼 국물에
붉디붉은 고춧가루를 더해 얼큰함을 불어넣는다
재료들이 부글부글 숨을 고르고 있을 때
나를 조심스럽게 꺼내어 본다
미운 마음 한 조각,
질투와 시기, 욕심까지
하나 둘 찌개 속에 던져 넣는다

센 불로 올리고
끓는 냄비 앞에 앉아 있다
속이 타는 듯
그러나 그 속에서 부드러워질 것을 믿는다

멍한 시간이 지나고
냄비 뚜껑을 열면

잡다한 세상의 맛이 한 그릇 담긴다
맵고 짜고 따뜻한 그 맛

한 숟갈 떠먹으며 다시 생각한다
이렇게 내 마음도
푹 삶아낼 수 있다면
미움 대신 이해를
질투 대신 기쁨을
욕심 대신 평안을 담을 수 있다면

이 얼큰한 찌개처럼
내 마음도 새 마음이 되지 않을까

미래의 손주 이야기

아장아장 작은 발걸음 소리다
내 딸이 부르는 이름
하찌, 하미
그 입술에서 나오는 말 한마디에
세상이 다 환해진다

처음 걷기 시작하던 그날
눈으로, 마음으로
나를 바라보던 그 빛
기쁨이란 게 이런 건가
나보다도 더 기쁘게
세상을 처음 만나는 그 순간을
함께 살아간다

뭐든 다 해주고 싶었다
세상 그 어떤 것과도
비교할 수 없는 존재감
감히 말하자면, 이 아이는
내 우주의 중심이다

작은 손에 용돈을 쥐여 주면
보물처럼, 금처럼
두 손으로 꼭 받아 안는다
그 모습에 나도 덩달아 부자가 된다

하찌, 하미,
불씨 같은 너를 통해
내 삶이 사랑으로 시작된다

생일 카드

책상 아래
네모진 상자 하나
오랫동안 잊고 있었던
그 속을
오늘 문득 열었습니다

가만히 쪼그리고 앉아
한 줄, 두 줄
손글씨를 따라가다
편지마다 담긴 순간들이
조용히 마음을 두드립니다

짧은 기억은
다가오는 시간을 건너
가족 사랑이 된 채
내 곁을 다시 찾아올 겁니다

엄마, 생일 축하해요
딸이 건넨
어린 마음의 기쁜 고백

고운 글씨에는
예쁜 마음 착한 딸이다
켜켜히 쌓인
어린 시절 순수함 그대로
내게 와서 안깁니다

엄마의 외박

하얀 건물,
똑같은 환의복患者服 속
일어나는 시간도, 잠드는 시간도
거의 닮아 있는 그곳
노년의 석양에서 탈출을 꿈꾼다

길가엔
씽씽 달리는 차들,
빨간 불과 초록불
그 사이
몇 번씩 눈 맞춤을 하고,
두 걸음씩 발걸음으로
땅을 조심스레 걸어간다

초록불은 급박스럽게
자꾸 깜박거리는데
내 걸음걸이
늙은 거북이 걸음이지,
빠르지 않아도 멈춤이 없는,

미소진 얼굴에는 외로움의 빈자리다
해맑은 소녀가 있는 숲이다

내 기억을 닮은 바람같은 웃음
지금도 최선을 다하는
하루하루의 인생 덩어리들
슬픔의 파도를
기쁨의 샘물로 청소 해주고
작은 도시에서 행운을 기다린다

123456789

세상에 이런 걸 모르는 사람 없거늘
어느 때는
머리에 화관을 쓴 듯
많아야 좋겠고
어느 순간에는 아주 먼지처럼
적어야 이로울 거다
알 수 없는 미로에
갇힌 뒤죽박죽 숫자들이다

늘 가까이 곁에서 지켜보는
숫자들이다
누구를 만나려 해도
음식을 구입해 먹을 때도
옷을 사고 출근을 할 때에도
안 보이면 보고 싶어 농락하는 숫자에
중독이 된다

자주 쳐다보기도 하여 불꽃이 튄다
일상에 기름을 부어주는 듯

반응이 민첩해서
이용을 잘할수록 이익을 챙기는
명품 숫자들이다

시간

해가 뉘엿뉘엿 지는 것
시간이 헤프게 지나가는 것
요일이야 가든 말든 상관없는 일
계절이 오는 건 맞다
오로지 사계절뿐

달력을 한 장씩 넘기며
내 나이에는
잡곡밥이 반절 이상 사라지고 없다

낙엽처럼 지는 사연이라면
제 몸 격한 상처를 치유하기 위하여
스스로 버려야 되는 일

머리는 회색으로 물들어 가는데
오늘 아침 신기하게도
함박눈이 내리면서 나는
떡국을 먹는다

일흔이 되어

바람이 불어오는 것만 보아도
아신지 모르겠지만
하늘에 오고 가는 구름은 길도 없이
멈췄다가 떠나는 게 일상이다

일어나기를 몇 번씩 드문드문
가끔 숟가락을 들고
멋진 폼으로
뻔뻔하던 청춘의 빛깔은 사라졌지만
사람들이 즐거워하는 산책길
혼자 강둑을 걸어서간다

희미해진 눈으로 포기할 수 없는
기쁨이 힘이 된다면
매일 세상의 소중한 것들에 대하여
파묻혀 살아야 할 것들
갸웃거리며 내 빛을 찾을 시간이다

와인

짙은 보랏빛 와인을 넘긴다
저 사람은
일체 한 모금 못하지만
와인 생각이 나면
아무것도 아닌 나에게도 와인
선물을 받았다

들창 밖 붉어진 달님도 벌써
두 모금쯤
마셨는가보다

구름 사이로 바람 한 점
잠재워 놓고
빨개진 얼굴 입 가리며 웃고 있네

밤늦도록 별들 달님도 취하는지
구름을 뚫고
큰 나무 기둥에다 머리를 맞대어
탱고 춤을 춘다

옛 생각

너와 같이 지나온 추억 중에서
소꿉놀이 시절
노을을 바라보기도 했었다
네가 생각 날 땐 늘
살포시 웃음이 지저귄다

생각이 난다, 라면에
매운 고추를 넣고 뜨겁게 끓여
먹던 추억들

내 인생 속에 고로코롬
지난날들 척척 비벼 넣으며
헐거워져 버린 내 나이의
녹슬고 낡은 그릇에다
가벼이 올려 놓아야겠다

홀로서기

외로움에 흩뿌려진 밤하늘
별을 바라보며
소리도 무너져 울던 밤을

뒤늦게서야 손에 쥔 시와 그림
내 슬픔이 번지는 수채화 한 장
색을 쌓고 또 쌓아
청춘도 꽃처럼 예뻐질 때까지
허물어진 담장을 세운다

내면에 잠자는
감동의 무의식을 꺼내어
조심스레 글을 쓰며
남의 말에 흔들리지 않겠다고
다짐을 한다

비록 늦게 도착하더라도
나의 길을 걷는다
나는 끝내

조금 느려도 잔향의 불씨 타오르게
더 짙게 얼룩진 고요를 찾아
홀로 서서 나의 길을 찾는다

안부

전화가 울지 않을 지라도
문자가 없어질 지라도
하루쯤 나는 견딜 수 있었다
침묵 속의 고요처럼
참을 수는 있다

커피 잔 입술 가까이 들어
마시며
책 한 권 옆구리에 끼고
그대에게 성급히 안부를 묻는다

달려가지는 않더라도
잔별이 뿌려진 고단한 성격이지만
아직도 그대는
밤을 새워 잘 버티어 내고 있나

박미혜 제2시집
달의 언어로 사랑을 짓다

인쇄 2025년 10월 25일
발행 2025년 10월 30일

지은이 박미혜
발행인 서정환
펴낸곳 인간과문학사
주소 서울시 종로구 삼일대로 30길 21.종로오피스텔 714호
전화 (02) 3675-3885, (063) 275-4000
팩스 (063) 274-3131
이메일 inmun2013@hanmail.ne
출판등록 제300-2013-10호
인쇄 · 제본 신아출판사

저작권자 ⓒ 2025. 박미혜
이 책의 저작권은 저자에게 있습니다. 서면에 의한 저자의 허락없이 내용의 일부를 인용하거나 발췌하는 것을 금합니다.
COPYRIGHT ⓒ 2025. by Park Mihye
All right reserved including the rights of reproduction in whole or un part un any form.
저자와 협의, 인지는 생략합니다.
잘못된 책은 바꿔 드립니다.

ISBN 979-11-6084-264-7 03810
값 15,000원

Printed in KOREA